« À la douce mémoire de Kevin Locke, enseignant, mentor, conteur, musicien, danseur, artiste, père, conjoint, grand-père et ami. Continue de nous inspirer pour l'éternité. Nous te rendons hommage alors que tu continues de danser dans le cerceau de la vie. »
-Medicine Wheel Publishing

La septième direction

une légende de la création

Kevin Locke

Kristy Cameron

Il y a longtemps, le monde a été créé en sept jours. Chaque jour, **Wakȟáŋ Tȟáŋka** (le Grand Esprit) a commencé à créer les montagnes, les arbres, les plantes, les animaux, les eaux et les vents.

Pendant les quatre premiers jours, **Wakȟáŋ Tȟáŋka** s'est tenu face à l'est, au sud, à l'ouest et au nord et a insufflé des pouvoirs dans chaque direction par sa vision et ses mots.

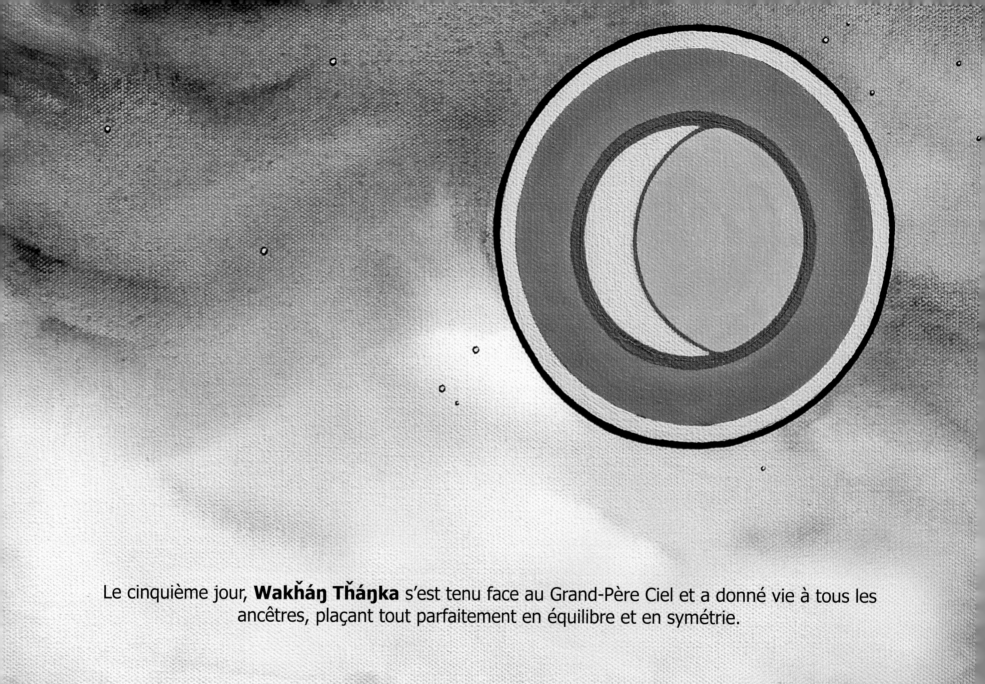

Le cinquième jour, **Wakȟáŋ Tȟáŋka** s'est tenu face au Grand-Père Ciel et a donné vie à tous les ancêtres, plaçant tout parfaitement en équilibre et en symétrie.

Le sixième jour, **Wakȟáŋ Tȟáŋka** s'est tenu face à la magnifique Grand-Mère Terre et lui a donné l'esprit de la création, le pouvoir de la vie et de la croissance.

Le septième jour, **Wakȟáŋ Tȟáŋka** s'est tenu dans l'obscurité qui précède l'aube, face à l'est. Lorsque l'obscurité a commencé à laisser place à la lumière, la beauté de la création est née.

Soudain, le premier rayon de lumière a jailli de l'horizon. Il a effleuré les herbes et les a fait scintiller. Il a dansé sur les eaux et les a fait briller. Quand il a touché les arbres, ceux-ci ont fleuri.

Les nuages ont revêtu de magnifiques couleurs pastel. Les oiseaux ont commencé à tourbillonner, virevolter, foncer et chanter pour accompagner cette belle journée. Avec tous les animaux qui se déplaçaient autour de la Terre, à ce moment précis, **Wakȟáŋ Tȟáŋka** a réalisé qu'il était maintenant l'heure de créer l'entité la plus précieuse et sacrée au monde : l'esprit humain.

Au début, **Wakȟáŋ Tȟáŋka** voulait donner l'esprit humain à ceux qui marchent sur deux jambes, mais il a ensuite pensé : « Si je leur donne, est-ce qu'ils vont réaliser pleinement à quel point c'est précieux et sacré? Si c'est facile à obtenir pour eux, ils vont sous-estimer sa valeur. Mais si c'est difficile à trouver, ça va certainement devenir précieux pour eux. »

Tous les animaux ont vu là l'occasion de contribuer. Ils se sont tous précipités, rivalisant pour être les premiers à offrir la cachette parfaite.

Tȟatȟáŋka (le bison) a dit : « Ces vastes prairies sont mon domaine. Je possède la vitesse et l'endurance pour les traverser et je peux affronter le mauvais temps. Je vais prendre ce précieux esprit humain et le cacher. Je vais l'emporter très loin, là où les prairies rejoignent les montagnes. Je vais le cacher sous les racines d'une touffe d'herbe aux bisons. Ils ne le trouveront jamais. »

Mais **Wakȟáŋ Tȟáŋka** a dit : « Non, ça ne fonctionnera pas. Éventuellement, les gens vont trouver ces terres et les labourer avec leurs grosses lames de métal. Toutes les racines dans les prairies seront dressées vers le haut, il n'y aura aucune cachette. Quand ça se produira, ils vont tout de suite découvrir l'esprit précieux. » **Tȟatȟáŋka** a retroussé son museau, puis est reparti.

Mathó (l'ours) s'est avancé et a dit : « Je vais le cacher moi. Je vais aller au-delà de ces prairies, tout en haut des montagnes jusqu'à mon territoire. Je vais grimper sur la plus haute montagne et trouver la grotte la plus creuse pour le cacher. Il y sera en sécurité pour toute l'éternité. Ceux qui marchent sur deux jambes ne le trouveront jamais. »

Mais **Wakȟáŋ Tȟáŋka** a hoché la tête et a dit : « Non, non. Éventuellement, ces montagnes vont être remplies de gens. Ils vont creuser de nombreux trous et vont en retirer tout ce qui a de la valeur pour eux. Il n'y aura aucune cachette. Ils vont tout de suite le trouver. » **Matȟó** n'a pas aimé que son idée soit rejetée et il est plutôt grognon depuis.

L'un après l'autre, les animaux ont offert une cachette en se basant sur leur expérience. Mais aucune de ces idées ne fonctionnait, aucune n'était assez bonne.

C'était le septième jour et le soleil commençait à se coucher. Ils devaient cacher le précieux cadeau, sinon il ne ferait pas partie de la création. C'est alors qu'une petite **Wahíŋheya** (taupe) a surgi du sol. Elle s'est tenue debout dans les dernières lueurs du jour.

La taupe a dit : « Attendez, je sais où on peut le cacher. »

On pense que la **Wahíŋheya** est peut-être aveugle, que ses yeux sont tournés vers l'intérieur, vers son centre.

« Je ne peux pas voir, mais j'ai de l'instinct. Je sens que cette création est si belle que lorsque les gens qui marchent sur deux jambes vont poser leur regard sur elle, ils vont être hypnotisés par sa beauté. Ils ne pourront pas se reposer jusqu'à ce que tout ce qui en fait partie ait été révélé. »

« Ils vont être tellement rigoureux dans leurs recherches, que chaque brin d'herbe aura été retourné et chaque grain de sable aura été tamisé. Je connais un endroit où le précieux cadeau sera en sécurité. Ils seront tellement occupés à regarder partout qu'ils ne penseront jamais à regarder à cet endroit. »

C'est là où **Wakȟáŋ Tȟáŋka** a placé l'entité la plus sacrée de toute la création : l'esprit humain. C'est au centre de chacun et chacune de nous. C'est l'endroit où tous les pouvoirs de la création, tous les pouvoirs des quatre directions, Grand-Père Ciel et Grand-Mère Terre sont faits pour se rencontrer.

C'est dans nos cœurs.

Le point de rencontre de tout ce qui existe dans cet univers, cette création, se trouve en chacun et chacune de nous. Nous avons la responsabilité de protéger ce précieux cadeau puisqu'il ne nous appartient pas, il appartient à **Wakȟáŋ Tȟáŋka**. Nous devons faire de notre mieux pour être un bon parent, pas seulement pour les gens qui marchent sur deux jambes, mais pour toute la création.

Mots en lakota

Le Grand Esprit
Wakȟáŋ Tȟáŋka

Ours
Matȟó

Est
Wiyóhiŋyaŋpata

Taupe
Wahíŋheya

Sud
Itókataǧa

Bison
Tȟatȟáŋka

Ouest
Wiyóȟpeyata

L'esprit humain
Taku Wakȟáŋ

Nord
Wazíyata

Grand-Père Ciel
Tȟuŋkášila Maȟpíya

Cœur
Čhaŋté

Grand-Mère Terre
Uŋčí Makȟá

La septième direction

Nord
Wazíyata

Sud
Itókataǧa

Est
Wiyóhiŋyaŋpata

Ouest
Wiyóȟpeyata

**Dessus
Grand-Père Ciel**
Tȟuŋkášila Maȟpíya

**Dessous
Grand-Mère Terre**
Uŋčí Makȟá

**Centre
L'esprit humain**
Taku Wakȟáŋ

Kevin Locke est un danseur de cerceaux de renommée mondiale, un flûtiste autochtone distingué des Plaines du Nord, un conteur traditionnel, un ambassadeur culturel, un artiste-interprète et un éducateur. Kevin Locke est Lakota (de la bande Hunkpapa des Sioux Lakota) et Anishinabe. Le nom de Kevin en lakota est Tȟokáheya Inážiŋ, ce qui signifie « premier à se lever ». Kevin offre chaque année des présentations et des performances à une centaine de centres des arts, de festivals, d'écoles, d'universités, de congrès, de parcs provinciaux et nationaux, de monuments, de sites historiques, de pow-wow et de communautés autochtones. De celles-ci, environ 80 % sont partagées avec les enfants. Pour les jeunes du monde entier, Kevin est un héros de la danse et de la musique et un modèle. Travailler avec des enfants dans les communautés autochtones pour assurer la survie et la croissance de la culture autochtone lui procure une grande joie.

www.kevinlocke.com
www.patricialockefoundation.org

Kristy Cameron est enseignante et artiste. Elle est née et a grandi dans le nord-ouest de l'Ontario. Le fait de grandir entourée par la beauté de la nature lui a donné une source inépuisable d'inspiration pour sa peinture. Kristy est une artiste de renom qui a déjà collaboré avec l'écrivain David Bouchard, créant de magnifiques illustrations pour ses livres, y compris Les Sept enseignements sacrés. Kristy est d'origine métisse et habite encore dans sa ville natale, Atikokan, en Ontario, au Canada.

www.kristycameron.ca

Medicine Wheel Publishing

Financé par le gouvernement du Canada   **Funded by the Government of Canada**   Canada